© by Demosthenes Davvetas und Elisabeth Kaufmann Zürich 1987
Satz, Lithos u. Druck: Kronen-Druck, Baden
Übersetzung aus dem Griechischen: Wolfgang Josing-Gundert, Köln
Umschlag und Frontispitz: Marie-Françoise Poutays

Printed in Switzerland

ISBN 3-906613-11-9

Demosthenes Davvetas
Eros im Kampf

Demosthenes Davvetas
Eros im Kampf

Η ΜΑΧΗ ΤΟΥ ΕΡΩΤΑ

Deutsch-Griechisch

Übersetzung aus dem Griechischen und Essay
'Vom Wagnis des Unvermischten' von
Wolfgang Josing-Gundert.

Elisabeth Kaufmann

Vom Wagnis des Unvermischten

'Die ganze Weltgeschichte, die ganze Menschheit zehrt von einigen Selbstbegegnungen', hat Gottfried Benn gesagt. Und naturgemäss war dies eine (ausholende) Antwort auf die ewig drängende/ewig läppische Frage nach Sinn und Grund lyrischer Autopsie. Frage: Warum dichte ich? Antwort: Erkenne dich selbst. - Was denn sonst? Benn, breitesten Konsens zu erheischen, glaubte hinzufügen zu müssen: pompösen Nutzeffekt. Musste das sein? Nein.

*

Der Selbst-Begegnung geht ein Weg voraus. Und der Weg ist das Ziel. Nur (nur?) auf dem Wege war stets der platonische Causeur Sokrates, dessen Dialog mit Diotima den Gedichten von Demosthenes Davvetas das Motto leiht. Der Dialog ist der Weg zur Selbst-Begegnung: die Offenheit, sich selbst erkennen zu wollen, öffnet den Dialog mit der Welt. Das Interesse der Poesie als Dialog von Zwiegestalt - Selbst-Gespräch und Welt-Gespräch - fällt mit dem Interesse der Vernunft (wie jenes Kant in Fragen formt) anrührend ineins: Was kann ich wissen? Was soll ich tun? Was darf ich hoffen? Was ist der Mensch? - Poesie ist Philosophie.

Solche Philosophie ist alles andere als entrückt ins Wahre Schöne Gute. Sie weiss vom Kopf, aber vom Bauch und von den Hoden auch. Sie weiss nicht nur, sie fühlt, fühlt: es geht um Leben und Tod. Was der Dichter weiss, das weiss er, weil er es wirkend verspürt; am eigenen Leib verspürt wie am eigenen Geist. Nichts steht dem Leben näher als die Dichtung; In der Poesie erkennt sich der Mensch. Und nichts ist der Poesie heilig, weil sie das Leben ernst nimmt. 'In dem Masse, wie wir den Heiligen widerstehen, liefern wir den Beweis, dass unser Lebenstrieb ungebrochen ist', notierte E.M. Cioran.

7

Lebenstrieb steht gegen Entsagung, gegen den Rückzug der Asketen in die Wüste, an den einzig sündenlosen Ort, den Ort der Reinheit: die es nur dort gibt, 'wo nichts wächst' (Cioran). Im Schaffen zeigt sich der Lebenstrieb, im Tun: 'poiein', das alte griechische Wort hierfür, ist, woran sich das Menschenleben auf dem Wege zum Menschen misst; und natürlich: das Erschaffene, das Getane schlechthin ist 'poiesis'/'Poesie'. Auch darum: in der Poesie erkennt sich der Mensch.

*

'Dass ich in Bewegung steh/und wenn ich auch in Scheingefühlen lebe/dass die Zeit verstreich/mit Anstand/...', heisst es in einem der epigrammatischen Gedichte von Demosthenes Davvetas. Das zielt genau auf das Zentrum des Menschseins, das gibt dem Widerstand Worte: in der Bewegung, im rastlosen Auf-dem-Weg-Sein zu sich selbst Widerstand gegen den fast übermächtigen Drang, stillzustehen, aufzugeben, zu entsagen, sich den Heiligen zuzugesellen: denen, die nicht Menschen sein wollen. Das ist: ein Lebens-Kampf.

Davvetas' Gedichte sind wie die Atemstösse eines Kämpfers. Sie geben Mitteilung von einer Erregung. Der kämpfende 'Eros' ist sinnliche Wirklichkeit und rationales Denkbild zugleich. In einem einzigen Wort vermag die griechische Sprache die jegliche Dichtung kennzeichnende Spannung zwischen Affekt und Vernunft zu erfassen: in dem einen und selben Wort Eros ('erotas' der neueren griechischen Form) ist, in allegorischer Gestalt, sowohl das 'Prinzip Liebe', als auch der reale Sexualakt umgriffen.

*

Die Macht der Wörter: Sprache drückt nicht aus, was sie will, sondern was sie muss. Eine Sprache (das Griechische), die über Jahrtausende hinweg Denkspuren vom Menschen unverwischt bewahrt, zwingt in jedem ihrer einzelnen Wörter den

Sprecher die Identität eines kollektiven Bewusstseins auf, ebendiese Jahrtausende umspannend. Der Dichter von griechischer Sprache und hellenischer Identität *muss* den Eros als das Gefährliche und das Rettende zugleich denken; ihm ist nicht das Vermögen - extra linguam - des abend-ländischen Europas eigen (Griechenland ist weder Europa, noch Abendland), in christlicher Camouflage mit dem Wort zugleich sein Wissen und Bewusstsein zu reinigen: Eros zu entfleischlichen. Sprache, die das Tabu nicht kennt, kann das Tabu nicht aussprechen/aus-denken.

Eros - dieses Wort als sichere Spur griechischen Denkens - ist eben nicht das Schöne, nicht das Reine, nicht das Weise; das ist nachzulesen: so belehrt Diotima den Sokrates. Und eben-solches Zeugnis geben Davvetas' Gedichte: unverstellt, ungeschützt geben sie Zeichen von Wirklichkeit, die an Unerträgliches rührt, Lebens-Last. Eros ist aber ebensowenig das Hässliche, das Unreine, das Unverständige. Und so lösen sich gleichermassen Davvetas' poetische Notate leiser Schreie aus dem erstickenden Umgriff unerfüllbarer Sehnsucht; und die Hoffnung wird selbstgewiss. Es ist kein anderer Weg, nicht für das Menschenleben, nicht für die Dichtung: das Gefährliche muss beim Namen genannt sein, wenn Rettung werden soll. Nur wer seine Wunden zeigt, darf auf Heilung hoffen.

So ist 'Eros' also nicht nur Wirklichkeit und Denkbild vom Lieben, sondern mehr noch ebendies vom Leben an sich: als einem Dasein zwischen den Extremen. Es ist diese Art Dasein, Dasein derer die - nach Platon - 'dazwischen sind', das die hochgemut benannte 'ganze Menschheit, ganze Weltgeschichte' prägt. Denn nur auf solchen Lebens-Wegen - und nicht im Lebens-Stand der Weisen, noch der Unverständigen: unbewegt aus je eigenem Anlass - hat Philosophie eine Heimstatt; und also entsteht nur dort Poesie. So bewegt der Dichter die Welt (falls er sie bewegt) nur als ein *Suchender* nach dem Schönen, Reinen, Weisen; was somit an Dichtung 'schön und rein und weise' sei, kann allenfalls von alledem (in seiner Vollendung) nur eine Ahnung sein - und was darüber ist, istBlendung, Heuchelei.

*

Demosthenes Davvetas' Gedichte weisen eindringlich auf das, was ausser ihnen existiert; sie verströmen dieses Ahnen von einem Unerreichbaren. Kargheit, äusserste Verknappung, hält eine vibrierende Balance zum obsessiven Gestus der Selbstreflexion. Diese Fähigkeit zum Gleichgewicht beherrschter Unbeherrschtheit ist es, die den Gedichten ihr Geheimnis bewahrt. Sie sind jedes einzelne ein Destillat aus einem Sturzbach von Sagbarem; und sie scheuen dann das Konzentrat 'einfacher Wahrheit' nicht, wenn die einfache Wahrheit die wahre Wahrheit ist.

Davvetas' Gedichte - Fragmente, die sie sind - verweisen auf Einheit, auf einen Organismus und Körper als deren je einzelne Teile. Sie gehören in ihren haltgebenden Zusammenhang, der nicht der einer Reihung ist, sondern der eines Feldes, auf dem sich ein Gedicht dem anderen - alle allen - verbindet. 'Eros im Kampf' ist ganz und gar work in progress, das heisst auch: offen für Weiteres. Die Bewegung endet nicht.

*

In diesem Charakter seiner Gedichte (und in zahlreichen konkreten Spuren, Splittern) wird die Nähe Davvetas' zu Konstantinos Kavafis deutlich - der als Dichter von Weltrang in der griechischsprachigen Lyrik seit der Jahrhundertmitte ein Anreger ohne Vergleich ist.

Kavafis, der Weltbürger aus Alexandria, hat gesagt: 'Ich bin kein Hellene, noch Grieche - ich bin hellenisch.' Diese Angabe zur Identität eines poetischen Bewusstseins kann wohl bedeuten: den Mythos in seinem Urstoff als existenzielles Paradigma *vor* allen Ideologien begreifen. 'Hellenisch' ist: das Unvermischte. Solchermassen 'hellenisch' zeigt sich Demosthenes Davvetas in seinen Gedichten. Er zeigt das Wagnis - über die Poesie hinaus -, sich im Wissen um die Gebundenheit zu entbinden. Ein Wagnis, zu dem sich - für die Poesie - Konstantinos Kavafis auch mit diesen Versen bekannt hat:

> Versuch, sie zu bewahren, Dichter
> wie immer wenige auch haften bleiben.
> Die Visionen deiner Liebeslust.
> Bring sie in deine Sätze, halbverborgen, ein.
> Versuch, sie festzuhalten, Dichter,
> wenn sie sich in deinem Kopfe regen,
> in der Nacht oder im Glanz der Mittagsstunde.

Wolfgang Josing-Gundert

Was wäre also, sprach ich, Eros? Etwa sterblich? - Keineswegs. -
Aber was denn? - Wie oben, sagte sie, zwischen dem Sterb-
lichen und Unsterblichen. - Was also, o Diotima? - Ein grosser
Dämon, o Sokrates. Denn alles Dämonische ist zwischen Gott
und dem Sterblichen.

Platon, Symposion 202

Erste Folge

Ich liebe dich wenn
du dein Herz
austeilst
als täglich Brot
an gierende Hunde

Such nicht meine Augen
die findest du nicht
Sie sind verborgen
unter Blumen
unter Rauch
unbeweglich
unter Zeit

Unser Haar
verstrickte sich
im Schweigen
wie eine heillose
Schuld

Πρώτη σειρά

Σ' ἀγαπῶ ὅταν
μοιράζεις
τήν καρδιά σου
καθημερινή τροφή
στά λυσασμένα σκυλιά

Μήν ψάχνεις τά μάτια μου
Δέν θά τἄβρεις
Εἶναι κρυμμένα
στά λουλούδια
στούς καπνούς
ἀκίνητα
στόν καιρό

Τά μαλλιά μας
μπλέχτηκαν
στήν σιωπή
ὅπως μία ἀθεράπευτη
'ενοχή

Und wie der Tag
sich wendet zum Gehen
sehe ich die Leere
in deinem Herzen
noch ein wenig
wachsen

Wie ein alterndes Pferd
schlaf ich nicht
des Nachts
vielleicht
wenn
ich mich niederleg
erhöb ich mich nicht mehr

Unsere Blicke
im Licht des Monds
verstrickten sich
wie
zwei Messer
in der Sonne blitzend

Κι ὅπως ἡ μέρα
γέρνει νὰ φύγει
βλέπω τὸ κενό
στὴν καρδιά σου
νὰ μεγαλώνει
ἀκόμα λίγο

"Ὅπως ἕνα γέρικο ἄλογο,
τὶς νύχτες
δὲν κοιμᾶμαι
μήπως
καὶ
ἅμα γείρω κατὰ γῆς
δὲν ξανασηκωθῶ

Τὰ βλέμματά μας
στὸ φῶς τῆς σελήνης
Μπλέχτηκαν
ὅπως
δύο μαχαίρια
ποὺ ἀστράψανε στὸν ἥλιο

Ich erkenne dich
an den Wunden
deines Leibs

Du schriebst mir: 'Der bitterste Tod
ist Reife'

Das bin ich:
Hirtenflöte
ungezählter Löcher
die
die Hände der Erstbesten
greifen
drücken

Σέ γνωρίζω
ἀπό τις πηγές
τοῦ κορμιοῦ σου

Μοῦγραψες: „ὁ πιό πικρός θάνατος
                        ἡ ὠριμότης„

Αὐτός εἴμ' ἐγώ:
φλογέρα
μ' ἄπειρες τρῦπες
Πού
Τά χέρια τῶν τυχαίων
δαχτυλίουν
πιέζουν —

Ich suche dich des Nachts
inmitten der Schatten
die Schleier werden
in meinem Haar

Ich höre deine Stimme
wie sie erlischt
im Zischen der Lüfte

Ich will dir nachspähn
wenn du dich ganz sacht
erhebst
hoch in die Luft
und zergehst in
tausende Körner Goldstaub

Σέ ψάχνω τίς νύχτες
ανάμεσα στούς ίσκιους
πού γίνονται πέπλο
στά μαλλιά μου.

Ακούω την φωνή σου
όπως σβήνει
στό σφύριγμα τ' αγέρα

Θέλω νά σ' αγναντεύω
όταν αργά-αργά
σηκώνεσαι
ψηλά στόν αέρα
καί διαλύεσαι σέ
χιλιάδες κόκους χρυσόσκονης

Kettenhund
meine Lüste
wie sie hecheln
Stimmen hinternach
wispernden
Begierden

Dein kleines Lachen
Riss
in der Nacht

Die Nacht gleisst
dieses Abends
wie dein nackter Leib
sich hinstreckt
auf das Bett

Δεμένο σκυλί
οἱ ἡδονές μου
ὅπως τρέχουν
πίσω ἀπό φωνές
ψιθύρους
ἐπιθυμίες

Τό μικρό σου γέλιο
ρωγμή
στήν νύχτα

Λάμπει ἡ νύχτα
ἀπόψε
ὅπως τό γυμνό σου κορμί
ἁπλώνεται
στό κρεββάτι

Mein Mund öffnet sich
ohne Laut
wie ein leerer von Kadavern
verpesteter Brunnen

Vertrocknete Blume
in abgestandenem Wasser
Im Krug
betrachten mich
meine unbewirkten Begierden

Dein Name
gleich entfernter Sirene
verlischt

Τὸ στόμα μου ἀνοίγει
Δίχως ἦχο
Σὰν ἄδειο βρωμισμένο
Ἀπό ψοφίμια πηγάδι

Μαραμένο λουλούδι
σέ παγωμένο νερό
μέσα στὸ βάζο
μέ κυττάζουν
οἱ απραγματοποίητές μου ἐπιθυμίες

Τ' ὄνομά σου
Σὰν μακρινή σειρίνα
σβήνει

Der Schrecken wird
zum Hochzeitskranz
in meinem Haar
und ich tanze
tanze

Gestern zu Vollmond
hast du mir gebeichtet
an mein Ohr gebeugt:
'Dein Verderben ist
mir Seelenfriede'

«Ἡ φρίκη γίνεται
Στεφάνι γάμου
στά μαλλιά μου
κι ἐγώ χορεύω
χορεύω

Χτές μέ πανσέληνο
μοῦ ἐξομολογήθηκες
σκύβοντας στ' αὐτί μου:
« ὁ ἀδερφός σου εἶναι
ἡ δική μου γαλήνη».

Eingekehrt
in eine fremde Kirche
und
mit den Flammen
entbrannter Weihekerzen
schreibe ich deinen Namen
auf meine nackte Brust

Meine Leidenschaft für dich
strahlt
in die Dunkelheit

Ich schlürfe die Trauer
um Frieden zu finden

'Ich liebe dich': deine Stimme
Regenbogen

Θάμπω
σέ μία ἄγνωστη ἐκκλησία
καί
μέ τίς φλόγες
τῶν ἀναμμένων λαμπάδων
θά γράψω τ'ὄνομά σου
στό γυμνό μου στῆθος

Τό πάθος μου γιά σένα
ἀστράφτει
στό σκοτάδι

Ρουφῶ τήν θλίψη
γιά νά θρηνέψω

«Σ'ἀγαπῶ»: ἡ φωνή σου
οὐράνιο τόξο

Der nahm sich das Leben
vom höchsten Stockwerk
einer Mietskaserne
ein anderer mit dem Messer
oder mit der Spritze
Ich nehme mir das Leben
in deiner Erwartung
wann immer du kommst
welcher Gestalt du auch seist
Ich nehme mir das Leben
mit der Gabe der Jahre an dich
die mir bleiben
wie jener die ich vertat
in deiner Erwartung.

Ὁ ἕνας αὐτοκτόνησε
ἀπό τό πιό ψηλό πάτωμα
μιᾶς πολυκατοικίας
ὁ ἄλλος μέ τό μαχαίρι
ἤ μέ τήν σύριγγα.
Ἐγώ δ' αὐτοκτονήσω
περιμένοντάς σε
ὁπότε κι ἄν ἔρθεις
ὅποια μορφή καί νἄχεις
θ' αὐτοκτονήσω
δίνοντάς σου τά χρόνια
πού μοῦ μένουν
ὅπως κι αὐτά πού ξόδεψα
περιμένοντάς σε.

Deinen toten Leib
verbrenn ich nicht
wie du mich batst
Ich tauche ihn in Balsam
daß er Spielzeugpuppe werde
um der Zeit zu widerstehn
Und dann spreche ich zu ihr
wenn ich mich einsam fühle
schau ich
deine gläsernen Augen
wie sie unberührt geblieben
von Verderb

Τὸ νεκρό σου κορμί
Δέν θά κάψω
ὅπως μοῦ ζήτησες.
Θά τὸ βαλσαμώσω
νά γίνει μία κούκλα παιδική
ν' ἀντέχει στόν Χρόνο
κι ἔπειτα θά τῆς μιλῶ
ὅταν νοιώθω μόνος
Θά κυττῶ
τά γυάλινά σου μάτια
ἀνέγγιχτα ὅπως ἔμειναν
ἀπό τήν Φθορά -

Zweite Folge

Zur einen Seite Dolch
zur anderen wilde Blume

Schatten der Vergangenheit
die zur Furcht werden

Dass ich in Bewegung steh
und wenn ich auch in Scheingefühlen
lebe
dass die Zeit verstreich
mit Anstand
im Anblick meines Ebenbilds
vor mir im Spiegel
wie es mit den Jahren
sich verändert

Bis ich schwinde
in
Grabes Umriss
gebe ich mich dir

Δεύτερη σειρά

Ἀπό τήν μία μαχαῖρι
ἀπό τήν ἄλλη αγριοτρίζουδο

"Ἴσκιοι παρελθόντος
πού γίνονται φόβος.

Νά βρίσκομαι σέ κίνηση
ἔστω κι ἄν ζῶ σέ ψευδαισθήσεις
νά περνᾶ δ καιρός
μ' ἀξιοπρέπεια
κυττῶντας τό εἴδωλό μου
ἀπέναντι στόν καθρέφτη
πῶς μέ τόν χρόνο
Μεταμορφώνεται.

Μέχρι νά χαθῶ
νά
πάρω τό σχῆμα Τάφου
σοῦ δίνομαι.

Dein kleines Taschentuch
blieb unberührt
über Jahre hin
und du sagst nichts
von Wiederkehr

Heute ging ich
auf die Strassen
ohne meine Waffe
Und meine Hände
fielen zu Boden
Ich hob sie nicht auf
beliess sie so
zwischen flinken Füssen
darüber zu stolpern
sie zu zerquetschen
Beliess sie so
vielleicht mich zu gewöhnen
unbeschwert zu gehn

Τὸ μικρό σου μαντῆλι
ἔμεινε ἀνέγγιχτο
ὕστερα ἀπό χρόνια
κι ἐσύ δέν θές
νά ἐπιστρέψεις

Σήμερα βγῆκα
στούς δρόμους
δίχως τ' ὅπλο μου
καί τά χέρια μου
πέσανε κατά γῆς
Δέν τά σήκωσα
Τἄφησα 'τσι
Ἀνάμεσα σέ ρεύτερα πόδια
Νά σκουντᾶς τουν
νά τά ζυώσουν
Τἄφησα 'τσι
Μήπως καί συνηδίσω
νά περπατῶ
δίχως βάρος.

Ich spiele mit den Wörtern
mit den Leibern
der Fantasie
bis ich leid bin
zu vergessen
unbewegt
versteinert

Παίζω μὲ τὶς λέξεις
Μὲ τὰ κορμιά
Τὴν φαντασία
Μέχρι ποῦ νὰ βαρεθῶ
νὰ ξεχαστῶ
ἀνίνωτος
Μαρμαρωμένος.

Die Nacht
das Ungewitter
der Donner
der Lärm
das Bellen
der Feuerbrand der Leiber
dann Getöse
Gleissen
Schall
viele Hunde
Wind
Noten
Schall
Noten
Musik

Schwarz geworden meine Flügel
schwer geworden
Jeder Versuch
aufzusteigen
ist folgenlos

Ση νύχτα

Ση θύελλα

Ση βροντή

Σο θόρυβος

Το γαύγισμα

Το φτόμισμα των κορμιών

Ανήτισα βουή

Λάμψεις

Σηχος

Σκόποι πολλοί

Άνεμος

Νότες

Σηχος

Νότες

Μουσική—

Μαύρισαν τα φτερά μου

Βαρύναν

Κάθε απόπειρα

ν' ανυψωθώ

είναι δίχως αποτέλεσμα—

Dort wo einst
der Same duftete
ein paar Nelken jetzt
und der Widerhall von Erinnerung
die wir gemeinsam lebten

Jener Gärtner
hat mir die Arme entastet
und sie zu Vögeln gemacht

Die Luftschlösser
verfallen
versunken
im brackigen Wasser

'Εκεί πού ἄλλοτε
Τό σπέρμα εὐωδίαζε
Τώρα κάποια γαρύφαλλα
Κι ὁ ἦχος τῶν ἀναμνήσεων
πού ζήσαμε μαζί.

Ὁ κηπουρός αὐτός
χάιδεψε τά χέρια μου
καὶ ζάνανε πουλιά

Οἱ ψεύτικοι Πύργοι
χαλασμένοι
σωρικεμένοι
Στό ἁλμυρό νερό-

Ich fand das Tor verschlossen
niemand gab Antwort
Ich nahm einen Stein
warf ihn
das Fenster zerbrach
Stimmen drangen heraus
und Vögel dann
schwarz
mit spitzigen Schwingen

Spät abends
werd ich tausend
Blitze
die
jeden Winkel
euerer Wüstenei
erhellen

Βρῆκα τὴν πόρτα κλειστή
κανείς δέν ἀπαντοῦσε
Πῆρα μία πέτρα
τὴν πέταξα
ἔσπασε τὸ τζάμι
Βγῆκαν φωνές
κι ὕστερα πουλιά
Μαῦρα
Μέ μυτερά φτερά—

Τὸ βράδυ ἀργά
γίνομαι χιλιάδες
ἀστραπές
πού
φωτίζουν
κάθε γωνιά
τῆς ἐρημιάς σας—

Mir gefällt mein Gesicht
zu betrachten
wenn es
in Trümmer bricht
die pompös
herniederfallen
und mich überdecken

Ich sammle unablässig
Wörter
der Träume Gestalten
der Begehren
der Gesichte
oder Erinnerungen
Private Mumien
in meinem Museum der Paläontologie

Μ' ἀρέσει νά κυττῶ

τό πρόσωπό μου

ὅταν αὐτό

γίνεται συντρίμμια

πού λέγουν

θεαματικά

καλύπτοντάς με.

Συλλέγω ἐπίμονα

λέξεις

μορφές ὀνείρων

ἐπιθυμιῶν

δραμάτων

ἤ ἀναμνήσεων

ιδιότητες Μούμιες

Στό Παλαιοντολογικό μου Μουσεῖο

Am Horizont
mein Kindertraum
zerbrochen
ungezählte Scherben
die bengalisch
wiederkehren
auf mich hernieder

Ich kann dir nicht mehr bieten
als allein
Bilder mit Verwundungen
die ungelöschten Brände
unverwirklichter Begierden

Στόν ὁρίζοντα
Τό παιδικό μου ὄνειρο
σπασμένο
ἄπειρα θρύψαλλα
βεγγαλικά
πού ἐπιστρέφουν
κατά πάνω μου.

Δέν μπορῶ νά σοῦ προσφέρω
παρά μόνο
εἰκόνες μέ τραύματα
τίς ἄσβυστες πυρκαϊές
ἀπραγματοποίητων ἐπιθυμιῶν.

Mein Sehnen nach dir
nackter Leib
ohne verhüllende Blätter
hingegeben
einem steten
stummen Brand

Du: Explosion
vieler Farben
auf meinen stumpfen Augen

In den aufgeheizten Häusern   .
bei einer Flasche Alkohol
bei einem hemmungslosen Tanz

Ὁ πόθος μου γιά ἕνα
γυμνό κορμί
Δίχως σκεπάσματα ψύχων
παραδομένο
σέ μία μόνιμη
σιωπηλή πυρκαϊά

Ἐσύ: ἔκρηξη
πολλῶν χρωμάτων
στά θολωμένα μου μάτια

Στά θερμαινόμενα σπίτια
Σ᾽ἕνα μπουκάλι ποτό
Σ᾽ἕναν ξέφρενο χορό

Die Kugeln treffen mich nicht mehr
zerlocht seit Jahren
In mir kreist
kalter Wind
und der Mund dünstet
Oft vergesse ich mich aufrecht
an der Wand
so dass
wenn Maurer kommen
sie für Stein mich halten
und mich niederreissen
oder mich erbauen

Das Wunder
entfaltet sich
ohne Farben

Οἱ σφαῖρες πιὰ δέν μέ βρίσκουν
Διάτρητος ἀπό χρόνια·
Μέσα μου κυκλοφορεῖ
Κρῦος ἀέρας
Καί τό στόμα μου μυρίζει·
Συχνά ξεχνιέμαι ὄρθιος
στόν τοῖχο
ἔτσι ὥστε
ὅταν φτάνουν οἱ χτίστες
Μέ περνοῦν γιά πέτρα
καί μέ γκρεμίζουν
ἤ μέ χτίζουν

Τό θαῦμα
ξεδιπλώνεται
Δίχως χρώματα

Jeden Morgen
riecht
das leere Zimmer
nach verbrannten Träumen

Ich betrachte Stein um Stein
das Gedicht
prüfe die Materialien
seiner Verfertigung
mich zu vergewissern
ob seine Geburt
Produkt der Notwendigkeit war

Κάθε πρωί
τ' άδειο δωμάτιο
μυρίζει
καμμένα όνειρα.

Ξανακυττάζω πέτρα την πέτρα
τό Ποίημα
ελέγχω τά υλικά
κατασκευής του
γιά νά διαπιστώσω
άν ή γέννησή του
ήταν προϊόν ανάγκης.

Fest entschlossen
unterfang ich täglich
meiner Finger
Herr zu werden
Doch woran ich rühre
bricht
springt auf
Darum verwundert mich nicht
dass
meine Hände einhüllt
Ruch von Blut

Meine Liebe
dringt in dein Fleisch
rührt an dein Gebein
trinkt deinen Geist
in einem Raubzug der Hoffnung

Μ' ἀπόφαση σταθερή
ἐπιχειρῶ καθημερινά
νά γίνω κύριος
τῶν δαχτύλων μου_
Ὅμως, καθετί πού ἀγγίζω
σπάει
ἀνοίγει.
Γι' αὐτό καί δέν ἐκπλήσσομαι
πού
Τά χέρια μου τυλίγει
μία ὀσμή αἵματος_

Ἡ ἀγάπη μου
Μπαίνει στήν σάρκα σου
ἀγγίζει τά ὀστά σου
πίνει τό πνεῦμα σου
σ' ἕνα παραλήρωμα ἐλπίδας_

Erfüllt von Blumen
die nie blühten
kann ich dir
nichts anderes bieten
als
den Harm des Kindes
Papier
Bleistift
und aus Wörtern Begehr

Γεμισμένος λουλούδια
πού ποτέ δέν ἀνθίσαν
Δέν μπορῶ ἄλλο τίποτα
νά σοῦ προσφέρω
πκρά
Μιά θλίψη ἄνεμου
χαρτί
μολύβι
κι ἐπιθυμίες — λέξεις.

Wie kann ich
Trümmer finden
meines staubgewordenen
Gesichts
Jahrtausende
zuvor
als
das Licht
geboren wurde
aus dem Schlag auf Stein

Sollen sie abdrücken
Sollen sie doch abdrücken

Πῶς γίνεται
νὰ βρίσκω θρύμματα
τοῦ κονιορτοποιημένου μου
προσώπου
χιλιάδες χρόνια
πρίν
ὅταν
τὸ φῶς
γεννιότανε

ἀπὸ τὸ ἄγγιγμα τῆς Πέτρας;

"Ας πυροβολήσουν
"Ας πυροβολήσουν λοιπόν.

Aus dem Getös
der Nacht
drunten
das Funkeln
einer geschliffenen
Klinge
die mich zeichnet

In der Verwundung
hab ich dich erbaut
und darum
mein Wägen
ob ich wohl
der Schöpfer
oder Opfer sei

Ἀπό τήν βουή
τῆς νύχτας
κάτω
τό λαμπύρισμα
μίας σκονισμένης
λάμπας
πού μέ σημαδεύει.

Μέσα ἀπό τό τραῦμα
σ' ἔχτισα
γι' αὐτό
καί συλλογίζομαι
ἄν εἶμαι
ὁ δημιουργός
ἤ τό θῦμα.

Dritte Folge

Statt den Menschen
auf dem Bilde zu zerfügen
baue ich ihn wieder auf
in anderer Gestalt
wie
mir zurät
die Musik
eines jeden
seiner verstümmelten
Teile

Woher quillt
dieser Wille
Schmerz in Fest
zu verwandeln?

Τρίτη σειρᾶ

Ἀντὶ ν' ἀποσυνθέσω
Τὸν ἄνθρωπο στὴν εἰκόνα
Θὰ τὸν ξανακτίσω
Μὲ μία ἄλλη μορφή
ὅλως
Μὲ συμβουλεύει
ἡ μουσική
τοῦ καθενός
ἀπὸ τ' ἀκρωτηριασμένα του
μέρη.

Ἀπὸ ποῦ πηγάζει
αὐτή ἡ θέληση
νὰ μετατρέπεται
ὁ πόνος σὲ γιορτή;

Heulen eines
Wolfs
oder kleinen Kinds
des Nachts

Die Wunde
die ich verberge
ist
meine Kraft

Mein Gesicht
in deiner Hand
Rose
mit Dornen

"Ἕνα κλάμμα
Λύκου
ἢ μικροῦ παιδιοῦ
τὴν νύχτα -

'Ἡ Πληγή
ποῦ κρύβω
εἶναι
ἡ δύναμή μου

Τὸ πρόσωπό μου
στὴν παλάμη σου
Τριαντάφυλλο
Μ' ἀγκάθια

Wie kann ich
vergessen
deine trauernden
Augen
rares Metall
in der Nacht?

Deine Stimme
schwingendes Lied
wie eine starke
Meereswoge
die andringt
und gleich verlischt

Πῶς μπορῶ
νά λησμονήσω
τά λυπημένα σου
μάτια
σπάνιο μέταλλο
στήν νύχτα;

cΗ φωνή σου
παλλόμενο τραγούδι
ὅπως ἕνα δυνατό
κύμα τῆς θάλασσας
πού ἔρχεται
καί σβύνει ἀμέσως.

Dieser Klang
der
mich fortträgt
in ein
Gedächtnis von einst

Der Rhythmus
den
dein
Leib hält
sich entäussernd

Leichthin
ohne Fleck
von Blut

Ὁ ἦχος αὐτός
πού
Μὲ στέλνει μακριά
σέ μία
ἀλλοτινή Μνήμη.

Ὁ ρυθμός
πού
κάνει
Τό κορμί μου
νά 'ξαϋλώνεται

Ἀνάλαφρος
Δίχως κηλίδα
Ἄϋλος

Getauft
im Bann
des Verbrechens
habe ich keine Hoffnung
auf Läuterung

Dieses Loch
in meinem Herzen
wächst
täglich
wie
ein zweiter Leib
in mir

Meine Liebe
ist
der müde Eifer
zweier Duellanten

Βαπτισμένος
στὸν χῶρο
τοῦ ἐγκλήματος
δὲν ἔχω ἐλπίδα
ἐξάγνισης.

Αὐτή ἡ τρύπα
στήν καρδιά μου
Μεγαλώνει
καθημερινά
ὅπως
ἕνα δεύτερο κορμί
μέσα μου—

‹Η ἀγάπη μου
Εἶναι
Τό μοιρασμένο λάθος
Δύο μονομάχων

In weitem Bett
die Bewegungen
deines nackten Leibs
einmal mehr für mich
Gefangenschaft

Der Same
auf deinem Gesicht
eindringliche Farbe
auf dem Bild deines Grams

Στὸ μακρύ κρεββάτι
οἱ κινήσεις
τοῦ γυμνοῦ σου κορμιοῦ
μιά μου ἐπιπλέον
Φυλακή.

Τὸ σπέρμα
στὸ πρόσωπό σου
ἔντονο χρῶμα
στὸν πίνακα τῆς λύπης

Wie du so hingestreckt
daliegst auf der Bahre
werd ich zugebeugt
gleich ehdem
deinem Ohr
ein Lied
dort hinterlassen
aus schmutzigen Worten
das dich begleite

Meine Lippen eingetaucht
zwischen deine Beine
vorwärts und zurück
schlürfen unersättlich
Heilkraut
das mich
trunken macht
um zu vergessen

"Έτσι ὅπως ξαπλωμένος
βρίσκεται στὸ φέρετρο
θά σκύψω
σάν ἄλλοτε
στ' αὐτί σου
καί θ' ἀφήσω
ἕνα τραγούδι
ἀπό πρόσωπα λόγια
νά σέ συντροφεύσει.

Τά χείλη μου βυθισμένα
ἀνάμεσα στά πόδια σου
Μπρός καί πίσω
ρουφοῦν ἀχόρταγα
τό βότανο
πού μέ κάνει
νά μεθῶ
νά ξεχνιέμαι.

Manche Augenblicke
bedeckt mich
der Duft deines Leibs
wie die Blüten
eines Gartens

Mein Blick gebannt
von deinem nackten Leib
wie er
tanzt
und
im Dunkel
schwindet

Ich sauge deine Brüste
mit derselben Lust
von der ich ahne:
sie entböten
Heiltrank oder Gift

Κάποιες στιγμές
ή μυρωδιά τοῦ κορμιοῦ σου
Μέ σκεπάζει
ὅπως τ' ἄνθη
ἑνός κήπου

Τό βλέμμα μου καρφωμένο
στό γυμνό σου κορμί
ὅπως αὐτό
χορεύει
καί
σβήνει
στό σκοτάδι.

Πινιγῶ τις ρόγες σου
Μέ τήν ἴδια ἡδονή
πού φαντάζομαι
νά προσφέρει
ἕνα θεραπευτικό ὑγρό
ἤ κάποιο δηλητήριο.

In meinem Haar
deine Tränen
traufende
Quelle
tränkt mich
ich blüh

Dein Harn
verbrenne mich
verkohlter Körper
werd ich
Asche
die der Wind
wohin verstreut

Στά μαλλιά μου
Τά δάκρυά σου
Πηγή
πού τρέχει
Μέ νοτίζει
κυλίζω-

Τό κάτουρό σου
νά μέ κάψει
καρβουνιασμένο σῶμα
νά γίνω
στάχτη
πού ὁ ἀέρας
σκορπᾶ παντοῦ-

Deine Trauer
verwundet mich
wie dein Streicheln
über meinen Leib
im Augenblick der Lust

Was ich berühre
nimmt
die Farbe meines Herzens an

Wüsst ich das Geheimnis
was in meinen Adern
wirkte dass
niemals
das Fest
zu Ende geh

Ἡ λύπη σου
Μέ πληγώνει
ὅπως τό χάδι σου
στό κορμί μου
τίς στιγμές τῆς ἡδονῆς.

Ὅτι ἀγγίζω
παίρνει
τό χρῶμα τῆς καρδιᾶς μου

Νἄξερα τό μυστικό
πού δώκανε
στίς φλέβες μου
ποτέ
νά μήν σταματᾶ
ἡ γιορτή

Wieder schau ich
wie
vergangener Tag
maskiert
eindringt in den Körper
des Gedichts

In jedem meiner Verse
verbirgt sich
ein Kampf mit der Angst

Ich reise reise
ins Land der Trauer
wo die unverhofften Schönheiten
und die unendlichen Wunder sind

Ξανακυττάζω
πῶς
ἡ περασμένη μέρα
μεταμφιεσμένη
μπαίνει στό σῶμα
τοῦ Ποιήματος

Σέ κάθε ἕναν ἀπό τούς στίχους μου
κρύβεται
μία μάχη μέ τον φόβο

Ταξιδεύω Ταξιδεύω
στήν χώρα τῆς λύπης
Μέ τίς ἀπρόσμενες ὀμορφιές
καί τ' ἄπειρα θαύματα

Meine Gedichte: was ich halte
vor dem Strom
meines Samens

Ich bin Sklave der Bejahung:
Ich bin frei

Τὰ ποιήματά μου: ὅ,τι συγκρατῶ
ἀπὸ τὴν ροή
τοῦ σπέρματός μου.

Εἶμαι συλάβος τῆς κατάσχεσης:
Εἶμαι 'ελεύθερος

Für meine Mutter

Στήν Μητέρα μου

Erste Folge:
geschrieben Korfu/Belgrad/Paris 1980

Zweite Folge:
geschrieben Zagreb/Moskau/
New York/Paris/Korfu 1980-1981

Dritte Folge:
geschrieben Mailand/Bern/Erlach/
Zürich/Paris 1985-1987

Demosthenes Davvetas

*6. Mai 1955 in Athen. Lebt in Paris

Es sind von ihm bereits folgende Werke erschienen:

'Das Lied Penelopes', Elisabeth Kaufmann Zürich 1985
'Oreste ou le roman sans fin', Flammarion 1986.